MW01100680

manjares de
méxico

express

Publicado por:
TRIDENT REFERENCE PUBLISHING
801 12th Avenue South, Suite 400
Naples, Fl 34102 USA

Tel: + 1 (239) 649-7077
www.tridentreference.com
email: sales@tridentreference.com

manjares de
méxico

Manjares de México
© TRIDENT REFERENCE PUBLISHING

Publisher
Simon St. John Bailey

Directora de edición
Susan Knightley

Preimpresión
Precision Prep & Press

Incluye Índice
ISBN 1582797161
UPC 6 15269 97161 1
EAN 9781582797168

Impreso en The United States

introducción

Cuando los conquistadores llegaron a México,
en el siglo XVI, hallaron frijoles, chiles, maíz,
calabaza, tomates y aguacates,
que constituían la base alimenticia
de los aztecas.
De la mano de los españoles, los pobladores
originarios conocieron el trigo, la carne
de res, el pollo y los productos
derivados de la leche.

Así, de la combinación de los alimentos del viejo mundo con los del nuevo mundo surgió la base de la comida mexicana actual. Este libro pone a su alcance los sabores genuinos de México, adaptando los ingredientes y métodos tradicionales al estilo de vida de hoy para que su mesa se convierta en una verdadera fiesta.

- **Chiles:** Entre los chiles frescos más difundidos figuran el jalapeño y el serrano, cuyo uso es indistinto, y el poblano, que se prepara asado, relleno o en moles. El ancho, popular versión seca y dulzona del poblano; el chipotle, jalapeño seco y ahumado, y el guajillo, levemente frutado, se destacan entre los chiles secos.

- **Comal:** Es una especie de sartén plana de acero, hierro fundido o loza de barro sin esmaltar, en la que se cocinan tortillas, se asan chiles y se tuestan semillas de calabaza. En su reemplazo se puede usar una cazuela o sartén pesada.

- **Hojas de mazorca y de plátano:** Ambas imparten un sabor especial a los alimentos que se envuelven con ellas.

- **Masa:** En México este término se refiere a la masa de maíz con la que se elaboran tortillas. Se presenta fresca o en forma de harina, y no debe confundirse con la polenta, que no es apta para hacer tortillas. Las tortillas de harina de trigo no tienen exactamente el mismo gusto que las de maíz, pero para muchos son una alternativa ventajosa.

- **Semillas de calabaza:** Los mexicanos, que las han saboreado por siglos, las llaman pepitas. Tostadas y saladas, se consumen como bocadillo y en una salsa que acompaña platillos variados o se sirve como mojo para tortillas.

- **Tomatillos:** Aunque se asemejan a los tomates verdes, ni siquiera son parientes. Los tomatillos pertenecen a la familia de la uva espina y también se conocen como uvas espina con capa o cerezas de tierra. Fuera de México es muy difícil conseguirlos frescos, pero están disponibles en lata.

Dificultad

■□□I Poca

■■□I Media

■■■I Bastante

guacamole
con tortillas

■□□ | Tiempo de cocción: 5 minutos - Tiempo de preparación: 15 minutos

preparación

1. Para hacer la mantequilla de chile, colocar la mantequilla, la cáscara de limón, la salsa de chile y el comino en un bol y mezclar.
2. Para hacer el guacamole, colocar el aguacate en un bol y pisarlo con un tenedor. Incorporar el tomate, el jugo de limón y el cilantro o perejil.
3. Acomodar las tortillas, sin encimar, en una bandeja para horno y calentar en la barbacoa 3-5 minutos o hasta que estén tibias.
4. Para servir, presentar la mantequilla de chile, el guacamole y las tortillas en una fuente para que cada comensal pueda untar una tortilla con mantequilla de chile, colocar encima el guacamole, enrollar y comer.

....
6 porciones

ingredientes

> **6 tortillas de maíz**

mantequilla de chile
> **90 g/3 oz de mantequilla**
> **2 cucharaditas de cáscara de limón finamente rallada**
> **2 cucharaditas de salsa de chile dulce**
> **1 cucharadita de comino molido**

guacamole
> **1 aguacate, cortado por el medio, sin hueso y pelado**
> **1 tomate, pelado y finamente picado**
> **2 cucharaditas de jugo de limón**
> **1 cucharada de cilantro o perejil fresco finamente picado**

nota del chef
Para dar un sabor ahumado al guacamole, incorporarle gotitas de jugo de chiles chipotles.

nachos
con queso y tocino

■□□ | Tiempo de cocción: 15 minutos - Tiempo de preparación: 10 minutos

preparación

1. Cocinar el tocino, las cebollas de rabo y los chiles en una sartén antiadherente a fuego medio 4-5 minutos o hasta que estén crocantes. Retirar de la sartén y escurrir sobre papel absorbente.
2. Colocar los nachos en una fuente refractaria baja y cubrir con la mezcla de tocino y el queso. Hornear 5-8 minutos o hasta que estén calientes y el queso se haya derretido. Servir de inmediato, acompañados con crema agria como mojo.

6 porciones

ingredientes

> **6 lonjas de tocino, finamente picadas**
> **6 cebollas de rabo, finamente picadas**
> **4 chiles jalapeños, finamente picados**
> **1 paquete de 200 g/6^1/$_2$ oz de nachos**
> **125 g/4 oz de queso sabroso (cheddar maduro), rallado**
> **1 taza/250 g/8 oz de crema agria**

nota del chef

Los jalapeños son chiles de color verde intermedio a oscuro que terminan en punta y miden 5-7^1/$_2$ cm/2-3 in de largo y 2-2^1/$_2$ cm/ ^{3}/$_4$-1 in de ancho. Su sabor es entre normal y picante y también se consiguen en lata o en frasco.

sopa flor azteca

■■☐ | Tiempo de cocción: 25 minutos - Tiempo de preparación: 10 minutos

ingredientes

> **2 cucharaditas de aceite**
> **1 cebolla, picada muy fina**
> **1 diente de ajo, machacado**
> **2 cucharadas de arroz blanco**
> **2 cucharaditas de mejorana fresca picada**
> **2 cucharadas de tomillo fresco picado**
> **8 tazas/2 litros/3 1/2 pt de caldo de pollo**
> **12 flores de calabacita**
> **440 g/14 oz de garbanzos cocidos o en lata, enjuagados y escurridos**
> **250 g/8 oz de pollo cocido, picado**
> **1 aguacate, rebanado**
> **2 chiles jalapeños, rebanados**
> **1 cucharada de hojas de cilantro fresco**
> **1/4 cebolla, picada**

preparación

1. En una cacerola calentar el aceite a fuego medio. Agregar la cebolla y el ajo y revolver 3 minutos o hasta que la cebolla se ablande. Incorporar el arroz, la mejorana, el tomillo y el caldo y cocinar 15 minutos a fuego lento.

2. Retirar los estambres y pistilos de las flores de calabacita y verificar que no haya ningún insecto entre los pétalos. Lavar las flores bajo el grifo, quitarles los tallos y reservarlas.

3. Incorporar a la sopa los garbanzos, el pollo y las flores; cocinar 3 minutos o hasta que las flores estén tiernas.

4. Para servir, con un cucharón repartir la sopa en cuencos calientes; añadir el aguacate, los chiles, el cilantro y la cebolla.

....
6 porciones

nota del chef

Las flores de calabaza son muy populares en México, donde se las utiliza de las maneras más insospechadas. Si bien los mexicanos prefieren las flores de calabaza amarilla brillante o de calabaza de invierno, las de calabacita son una alternativa aceptable. Sirva esta sopa, una de las preferidas por los mexicanos, con gajos de lima.

sopa de frijoles pintos

■■□ I Tiempo de cocción: 95 minutos - Tiempo de preparación: 25 minutos

preparación

1. Ubicar en una cacerola los frijoles,
   la cebolla, los tomates, el chile poblano,
   el ajo y el agua. Llevar a ebullición y hervir
   10 minutos. Luego bajar el fuego y cocinar
   1 hora o hasta que los frijoles estén tiernos.
   Dejar enfriar un poco, pasar todo
   el contenido de la cacerola a una
   procesadora o licuadora y hacer un puré.
2. Colocar el puré en una cacerola limpia,
   agregar el caldo y cocinar a fuego lento
   10-15 minutos.
3. En una sartén calentar 1½ cm de aceite
   hasta que un cubo de pan se tueste
   en 50 segundos. Incorporar las tiras
   de tortilla y freírlas hasta que estén
   crocantes. Escurrirlas sobre papel
   absorbente. Freír los chiles en el mismo
   aceite hasta que estén crujientes, escurrirlos
   sobre papel y cortarlos en tiras finas.
4. Para servir, colocar la sopa en cuencos
   calientes. Disponer en una bandeja las tiras
   de tortilla, los chiles, el queso y el cilantro
   y presentarlos como guarniciones
   para la sopa.

ingredientes

> **185 g/6 oz de frijoles
  pintos, remojados toda
  la noche y escurridos**
> **1 cebolla, en cuartos**
> **3 tomates, asados
  y pelados**
> **1 chile poblano,
  asado y pelado**
> **4 dientes de ajo**
> **6 tazas/1,5 litro/2½ pt
  de agua**
> **2-3 tazas/500-750 ml/
  16 fl oz-1¼ pt
  de caldo de pollo
  o verduras**
> **aceite para freír**
> **6 tortillas de trigo
  o de maíz, del día
  anterior, en tiras**
> **2 chiles anchos,
  sin semillas**
> **155 g/5 oz de queso
  feta, desmenuzado**
> **2 cucharadas de hojas
  de cilantro fresco**

6 porciones

nota del chef

*Para asar el chile poblano, siga las
indicaciones de la receta de los chiles
poblanos rellenos en la página 46.*

chiles
poblanos y nueces

■□□ | Tiempo de cocción: 10 minutos - Tiempo de preparación: 15 minutos

ingredientes
> **2 cucharadas de aceite**
> **8 chiles poblanos,**
  sin semillas y rebanados
> **12 hojas de lechuga**
> **60 g/2 oz de hojas**
  de berro
> **3 tomates maduros,**
  picados
> **1 aguacate, picado**
> **semillas de 1 granada**
  (opcional)

aderezo de nuez
> **60 g/2 oz de nueces**
> **1/2 taza/125 ml/4 fl oz**
  de leche
> **90 g/3 oz de queso feta,**
  desmenuzado
> **1 cucharada de azúcar**

preparación
1. Calentar el aceite a fuego mediano en una sartén, agregar los chiles y revolver 2-3 minutos o hasta que estén crujientes. Escurrirlos sobre papel absorbente.
2. Para hacer el aderezo, colocar las nueces en una sartén a fuego lento y revolver 3 minutos o hasta que se tuesten ligeramente. Colocar las nueces y la leche en una procesadora o licuadora y procesar hasta lograr una textura lisa. Incorporar el queso y el azúcar y seguir procesando hasta homogeneizar.
3. Para servir, colocar en un bol la lechuga, las hojas de berro, los tomates y el aguacate, revolver para combinar y pasar a una fuente. Rociar con el aderezo y esparcir las tiras de chiles y, si se desea, las semillas de granada.

4 porciones

nota del chef
Las granadas, conocidas también como manzanas chinas, contienen semillas de color blanco rodeadas por pequeños sacos jugosos. Las semillas constituyen una excelente guarnición para platillos tanto salados como dulces.

papas con vinagreta de chiles

■□□ | Tiempo de cocción: 15 minutos - Tiempo de preparación: 10 minutos

preparación

1. Colocar las papas en una cacerola con agua hirviente y cocinarlas hasta que estén tiernas. Escurrirlas y disponerlas en un cuenco para servir.
2. Para hacer la vinagreta, combinar en un bol las cebollas, los chiles jalapeños y rojos, los dientes de ajo, el azúcar, las alcaparras, el tomillo, el orégano, las hojas de laurel, el vinagre y el agua. Verter sobre las papas calientes y mezclar. Dejar reposar a temperatura ambiente 2 horas antes de servir.

....
6 porciones

ingredientes

> **2 kg/4 lb de papas nuevas baby, en mitades**

vinagreta de chiles

> **2 cebollas rojas, rebanadas**
> **3 chiles jalapeños, picados**
> **3 chiles rojos frescos, sin semillas y picados**
> **2 dientes de ajo, machacados**
> **2-3 cucharadas de azúcar**
> **2 cucharadas de alcaparras, escurridas**
> **2 cucharadas de hojas de tomillo fresco**
> **1 cucharada de hojas de orégano fresco**
> **4 hojas de laurel**
> **1 taza/250 ml/8 fl oz de vinagre de sidra**
> **1/2 taza/250 ml/4 fl oz de agua**

nota del chef

No reserve esta ensalada sólo para comidas mexicanas; es una propuesta interesante para cualquier mesa de bufé. Puede reforzarla con chiles rebanados.

al estilo
de guanajuato

■□□ | Tiempo de cocción: 15 minutos - Tiempo de preparación: 15 minutos

ingredientes

> 155 g/5 oz de garbanzos
  cocidos o en lata,
  escurridos y enjuagados
> 155 g/5 oz de frijoles
  negros cocidos o en lata,
  escurridos y enjuagados
> 155 g/5 oz de frijoles
  pintos cocidos o en lata,
  escurridos y enjuagados
> 250 g/8 oz de judías
  verdes
> 3 tomates, en dados
> 3 chiles rojos suaves,
  frescos, en tiras
> 1/2 cebolla, rebanada
  muy fina

*aderezo de cilantro
y lima*

> 2 cucharadas de cilantro
  fresco picado
> 1/4 taza/6 ml/2 fl oz
  de jugo de lima
> 2 cucharadas de aceite
  de oliva
> pimienta negra recién
  molida

preparación

1. Combinar en un bol los garbanzos
   y los frijoles.
2. Cocinar las judías verdes por hervido,
   al vapor o en microondas, hasta que estén
   apenas tiernas. Escurrirlas y refrescarlas
   con agua corriente fría. Agregar
   los garbanzos y frijoles, los tomates,
   los chiles y la cebolla; mezclar.
3. Para hacer el aderezo, colocar en un tazón
   el cilantro, el jugo de lima, el aceite
   y pimienta negra a gusto y batir
   ligeramente para integrar. Verter el aderezo
   sobre la ensalada y dejar reposar
   30 minutos antes de servir.

....

6 porciones

nota del chef

*La gente de Guanajuato sostiene que cuantas
más variedades de frijoles incluya este
platillo, más afortunado será quien lo pruebe.
Para una comida sustanciosa,
sirva con tortillas de trigo calientes.*

nachos
con frijoles negros

a   b   c

■■■ | Tiempo de cocción: 65 minutos - Tiempo de preparación: 25 minutos

preparación

1. Colocar los frijoles en una cacerola.
   Verter agua fría hasta alcanzar unos 5 cm/
   2 in por encima de los frijoles. Llevar a
   hervor y mantenerlo 10 minutos. Bajar la
   llama, tapar y cocinar a fuego lento
   45 minutos o hasta que los frijoles estén
   tiernos. Escurrir y reservar.
2. Calentar 1/2 cucharada de aceite en una
   sartén sobre fuego mediano, agregar
   la cebolla, el ajo, los chiles picantes
   y el comino y cocinar, revolviendo
   constantemente, 3 minutos o hasta que la
   cebolla esté tierna. Añadir la mitad de los
   frijoles y, mientras se sigue cocinando,
   pisarlos con cuchara de madera (a) hasta
   obtener un puré grueso. Incorporar los
   frijoles restantes y el caldo, llevar a hervor
   suave y cocinar a fuego lento 5 minutos
   o hasta que la mezcla se reduzca y espese.
3. Pasar la preparación a una fuente
   refractaria, esparcir la mozzarella (b)
   y hornear a 180ºC/350ºF/Gas 4
   por 20 minutos o hasta que se derrita.
4. Calentar el aceite restante en una sartén
   a fuego vivo hasta que esté muy caliente,
   luego agregar los chiles suaves (c) y cocinar
   2 minutos o hasta que estén crujientes.
   Escurrir sobre papel absorbente.
   Para servir, disponer las hojuelas de maíz
   en el contorno de la fuente de los frijoles
   y esparcir las tiras de chile fritas.

4 porciones

ingredientes

> **250 g/8 oz de frijoles negros secos, remojados toda la noche y escurridos**
> **2 1/2 cucharadas de aceite**
> **1 cebolla, picada**
> **2 dientes de ajo, machacados**
> **2 chiles rojos picantes, frescos, picados**
> **1 cucharadita de comino molido**
> **1 taza/250 ml/8 fl oz de caldo de verduras**
> **125 g/4 oz de mozzarella, rallada**
> **6 chiles rojos suaves, frescos, en tiras finas**
> **250 g/8 oz de hojuelas de maíz fritas o trozos de tortillas de maíz fritos**

nota del chef

Estos nachos son deliciosos si se sirven con salsa a elección y crema agria.

crêpes de maíz con vegetales

■■■ | Tiempo de cocción: 20 minutos - Tiempo de preparación: 25 minutos

ingredientes

- > 1/2 taza/60 g/2 oz de harina
- > 1/3 taza/60 g/2 oz de polenta
- > 3 huevos
- > 30 g/1 oz de mantequilla, derretida
- > 3/4-1 taza/185-250 ml/ 6-8 fl oz de leche
- > 155 g/5 oz de granos de maíz dulce cocidos o en lata, picados groseramente
- > 4 cucharadas de cilantro fresco picado
- > 1 chile verde fresco, picado fino

relleno de vegetales

- > aceite de chile
- > 1 mazorca de maíz dulce
- > 2 pimientos rojos, en cuartos
- > 2 cebollas rojas, en cuartos
- > 4 tomates italianos, en cuartos

nota del chef

Complete con salsa a elección y gajos de lima.

preparación

1. Colocar la harina y la polenta en un bol, mezclar bien y hacer un hueco en el centro. Incorporar los huevos, la mantequilla y leche suficiente para obtener una pasta; batir ligeramente. Agregar el maíz dulce (a), el cilantro y el chile. Dejar reposar 30 minutos.

2. Para hacer el relleno, pincelar con aceite de chile el maíz, los pimientos, las cebollas y los tomates y cocinar todos los vegetales sobre una parrilla o comal bien caliente hasta que estén cocidos y levemente chamuscados (b). Dejar enfriar un poco y luego desgranar el maíz. Colocar los vegetales en una fuente refractaria, tapar y reservar al calor.

3. Para cocinar las crêpes, calentar sobre fuego mediano una sartén de 23 cm/9 in, aceitada. Verter 3-4 cucharadas de pasta y, para que cubra toda la base, inclinar la sartén y hacerla girar. Cocinar 1-2 minutos de cada lado (c) o hasta dorar. Retirar la crêpe de la sartén y mantenerla caliente. Repetir con la pasta restante para hacer 4 crêpes.

4. Para servir, colocar una porción de relleno sobre una mitad de cada crêpe y luego doblar (d).

4 porciones

a

b

c

d

enchiladas
nuevo méxico

■■■ | Tiempo de cocción: 35 minutos - Tiempo de preparación: 20 minutos

preparación

1. Para hacer el relleno, calentar el aceite en una sartén antiadherente a fuego mediano, agregar la cebolla, los chiles y las semillas de comino y revolver 4 minutos o hasta que la cebolla esté dorada y tierna. Incorporar la espinaca, los tomates y las papas y cocinar 4 minutos o hasta que la espinaca esté blanda y el resto de la mezcla, bien caliente. Luego agregar el queso feta y el cheddar y revolver.

2. Calentar las tortillas en una sartén sin materia grasa, a fuego mediano, 20-30 segundos o hasta que estén bien calientes. Rociar una tortilla con un poco de salsa de chile y colocarla en un trasto para horno. Cubrir con una porción de relleno y superponer otra tortilla. Repetir la operación formando capas hasta terminar las tortillas. Esparcir el queso cheddar sobre la pila y hornear a 180ºC/350ºF/ Gas 4 por 20 minutos o hasta que el queso se derrita y el relleno esté bien caliente. Para servir, cortar en porciones.

4 porciones

ingredientes

> **6 tortillas de maíz o de harina**
> **1/3 taza/90 ml/3 fl oz de salsa de chile**
> **45 g/1 1/2 oz de queso sabroso (cheddar maduro), rallado**

relleno de queso y espinaca

> **2 cucharaditas de aceite**
> **1 cebolla, picada**
> **2 chiles frescos, verdes o rojos, picados**
> **1 cucharadita de semillas de comino**
> **1/2 atado/250 g/8 oz de espinaca, las hojas en fina juliana**
> **3 tomates, pelados y picados**
> **2 papas, cocidas y picadas**
> **155 g/5 oz de queso feta, desmenuzado**
> **125 g/4 oz de queso sabroso (cheddar maduro), rallado**

nota del chef

Las tortillas de maíz constituyen el pan tradicional de los aztecas, los mayas y otros aborígenes mexicanos. Fuera de América Central y Sudamérica, las tortillas que están al alcance del consumidor son las de harina de maíz amarillo o azul, o de trigo.

pescado
en hojas de mazorca

a

b

c

■ ■ ■ | Tiempo de cocción: 15 minutos - Tiempo de preparación: 25 minutos

preparación

1. Colocar las hojas de mazorca en un bol, cubrirlas con agua caliente (a) y dejarlas en remojo 30 minutos.
2. Para hacer la pasta de chiles, colocar el ajo, los chiles, el orégano, el chile en polvo, la cáscara de lima, el comino y el jugo de lima en una procesadora o licuadora. Procesar hasta lograr una textura lisa.
3. Cortar cada filete de pescado por la mitad y untarlo de ambos lados con la pasta de chiles (b).
4. Superponer 2-3 hojas de mazorca, colocar sobre ellas un trozo de pescado, luego cubrir el pescado con más hojas, doblar para encerrarlo (c) y atar. Colocar los paquetes en una bandeja y hornear a 180°C/350°F/Gas 4 por 10-12 minutos o hasta que el pescado se pueda atravesar con un tenedor.
5. Para servir, abrir los paquetes, espolvorear con el cilantro y acompañar con las tajadas de aguacate, los chiles y las tortillas.

ingredientes

> 16-24 hojas de mazorca secas
> 4 filetes de pescado blanco firme
> 3 cucharadas de hojas de cilantro fresco
> 1 aguacate, rebanado
> chiles jalapeños encurtidos
> tortillas de maíz o de harina, calientes

pasta de chiles y lima

> 3 dientes de ajo, picados
> 2 chiles verdes suaves, frescos, picados
> 2 cucharadas de hojas de orégano fresco
> 2 cucharadas de chile suave en polvo
> 2 cucharadas de cáscara de lima rallada
> 1 cucharada de comino molido
> $1/4$ taza/60 ml/2 fl oz de jugo de lima

....

4 porciones

nota del chef

En México es común el uso culinario de hojas de mazorca y hojas de plátano como envoltorio de alimentos.

Las de mazorca son favoritas en el norte, mientras que las de plátano son más populares en el sur y en el área costera.

mejillones
especiados en vinagre

■□□ | Tiempo de cocción: 10 minutos - Tiempo de preparación: 10 minutos

ingredientes

> **2 cucharaditas de aceite**
> **2 cebollas, picadas**
> **3 chiles verdes medianos, frescos, picados**
> **1 cucharada de orégano fresco, picado**
> **1 cucharadita de comino molido**
> **1/2 cucharadita de granos de pimienta negra machacados**
> **3 hojas de laurel**
> **1 rama de canela**
> **1/4 taza/60 ml/2 fl oz de vinagre de sidra**
> **1 1/2 taza/375 ml/12 fl oz de caldo de pescado**
> **1 kg/2 lb de mejillones, cepillados y sin barbas**

preparación

1. Calentar el aceite en una cacerola a fuego mediano, agregar las cebollas y revolver 3 minutos o hasta que se ablanden. Agregar los chiles, el orégano, el comino, la pimienta negra, las hojas de laurel y la canela; cocinar 2 minutos, revolviendo (a).

2. Incorporar el vinagre y el caldo de pescado (b) y llevar a hervor. Añadir los mejillones (c), bajar el fuego a mínimo y tapar la cacerola. Cocinar 5 minutos o hasta que los mejillones se abran. Descartar los que permanezcan cerrados. Servir los mejillones con el jugo de cocción.

4 porciones

nota del chef
Pruebe esta receta con almejas, pulpitos o calamares.

a b c

pescado
marinado con lima

■□□ | Tiempo de cocción: 0 minuto - Tiempo de preparación: 15 minutos

preparación

1. Colocar el pescado en un bol, verter encima el jugo de lima y marinar en el refrigerador, removiendo de tanto en tanto, 3 horas o hasta que el pescado se torne opaco. Luego retirar la mitad del jugo de lima e incorporar los tomates, los chiles, el orégano y el aceite. Mezclar con suavidad y llevar al refrigerador 1 hora más.

2. Antes de servir, dejar reposar a temperatura ambiente 20 minutos. Luego esparcir la cebolla, las aceitunas y el cilantro sobre el pescado.

....

6 porciones

ingredientes

> **625 g/1 1/4 lb de filetes de pescado blanco firme, en tiras**
> **1 taza/250 ml/8 fl oz de jugo de lima**
> **3 tomates maduros, picados**
> **4 chiles jalapeños encurtidos, picados**
> **1 cucharada de orégano fresco picado**
> **1/3 taza/90 ml/3 fl oz de aceite de oliva**
> **1/2 cebolla, en dados pequeños**
> **3 cucharadas de aceitunas rellenas picadas**
> **2 cucharadas de hojas de cilantro fresco**

nota del chef

Este clásico, conocido mundialmente como cebiche, deber realizarse con pescado fresquísimo; no intente usar pescado congelado. Se puede elegir cualquier variedad de carne firme, y los camarones, los ostiones, el cangrejo o la langosta son opciones deliciosas y elegantes.

ostiones
con salsa de piña

■□□ | Tiempo de cocción: 5 minutos - Tiempo de preparación: 5 minutos

ingredientes
> **30 ostiones**
> **aceite de chile o de lima**
> **hojuelas de tortilla fritas**

salsa de piña
> **125 g/4 oz de piña picada**
> **1/4 pimiento rojo, picado fino**
> **2 chiles verdes medianos, picados**
> **1 cucharada de hojas de cilantro fresco**
> **1 cucharada de hojas de menta fresca**
> **1 cucharada de jugo de lima**

preparación
1. Para hacer la salsa, colocar en un bol la piña, el pimiento rojo, los chiles, el cilantro, la menta y el jugo de lima (a) y mezclar bien. Dejar reposar 20 minutos.
2. Pincelar los ostiones con aceite (b) y cocinarlos en una plancha o parrilla bien caliente (c) 30 segundos de cada lado o hasta que cambien de color. Servir en el momento, con la salsa de piña y hojuelas de tortilla fritas.

....

4 porciones

nota del chef
Para hacer las hojuelas fritas, corte tortillas del día anterior en trozos y fríalos en poco aceite durante 1-2 minutos, o hasta que estén crocantes.

a

b

c

tortillas de pollo

■ ■ ☐ | Tiempo de cocción: 15 minutos - Tiempo de preparación: 15 minutos

preparación

1. Colocar en un bol el ajo, el comino, el chile en polvo, el jugo de lima y el tequila y mezclar bien. Incorporar el pollo, empaparlo con la mezcla y marinar 30 minutos.
2. Escurrir las pechugas de pollo y cocinarlas sobre una parrilla o plancha caliente 3-4 minutos de cada lado o hasta que estén a punto. Luego cortarlas en tajadas.
3. Calentar las tortillas en una sartén sin materia grasa, a fuego medio, 20-30 segundos de cada lado o hasta que estén bien calientes.
4. Para servir, colocar sobre cada tortilla algunas tajadas de pollo, cebolla y hojas de cilantro. Luego doblar o enrollar y acompañar con cuencos de guacamole y crema agria, si se desea.

ingredientes

> **2 dientes de ajo, machacados**
> **1 cucharadita de comino molido**
> **1/2 cucharadita de chile en polvo**
> **1/3 taza/90 ml/3 fl oz de jugo de lima**
> **1 cucharada de tequila**
> **4 pechugas de pollo deshuesadas**
> **12 tortillas de maíz**
> **1 cebolla roja, rebanada**
> **1/2 atado de cilantro fresco**
> **guacamole (pág. 6)**
> **1/2 taza/125 g/4 oz de crema agria (opcional)**

12 unidades

nota del chef

También la carne de res, el cerdo y el cordero quedan deliciosos si se preparan de este modo. Ajuste el tiempo de cocción según el tipo de carne y su gusto personal.

tamales con pollo

■ ■ ■ | Tiempo de cocción: 60 minutos - Tiempo de preparación: 30 minutos

ingredientes

> **30 hojas de mazorca secas**

masa para tamales

> **125 g/4 oz de mantequilla, ablandada**
> **750 g/1¹/₂ lb de masa fresca**
> **2 cucharadas de polvo para hornear**
> **³/₄ taza/185 ml/6 fl oz de caldo de pollo**

relleno de pollo y chiles verdes

> **1 cucharada de aceite**
> **2 chiles verdes frescos, picados**
> **1 cucharada de hojas de orégano fresco**
> **1 diente de ajo, machacado**
> **250 g/8 oz de pollo picado fino**
> **1 cucharada de harina**
> **1 cucharada de extracto de tomate**

preparación

1. Colocar las hojas de mazorca en un bol, cubrirlas con agua caliente y dejarlas en remojo 30 minutos.
2. Para hacer la masa, colocar la mantequilla en un bol y batir hasta que esté liviana y cremosa. Colocar la masa y el polvo para hornear en un bol, luego agregar el caldo y revolver para integrar. Batir para incorporar gradualmente la mezcla a la mantequilla y seguir batiendo hasta lograr una masa suave.
3. Para el relleno, calentar una sartén a fuego vivo, agregar el aceite, los chiles, el orégano y el ajo y revolver 1 minuto. Incorporar el pollo, la harina y el extracto de tomate y revolver 5 minutos o hasta que el pollo esté cocido y la preparación se reduzca y espese.
4. Escurrir las hojas de mazorca y secarlas con papel absorbente. Tomar 2 cucharadas de la masa y presionar para achatarla; apoyarla sobre una hoja de mazorca y colocar encima 1 cucharada de relleno. Tomar otras 2 cucharadas de masa, achatar, ubicar sobre el relleno y presionar los bordes de la masa para encerrarlo. Plegar la hoja de mazorca sobre el paquete de masa, tomar otra hoja y repetir la operación en dirección opuesta. Atar con hilo para que no se abra. Seguir el mismo procedimiento para hacer 15 tamales.
5. Acomodar los tamales en una vaporera sobre una cacerola con agua hirviente y cocinarlos al vapor 45 minutos o hasta que estén bien cocidos.

nota del chef

La masa fresca se consigue en tiendas de especialidades mexicanas o mayoristas.

....

15 tamales

pollo
en hojas de plátano

■ ■ ■ | Tiempo de cocción: 40 minutos - Tiempo de preparación: 25 minutos

preparación

1. Para la mezcla de especias, colocar los chiles Nuevo México en una sartén o comal caliente y cocinar hasta que la piel se ampolle y se chamusque. Colocar los chiles en un bol, cubrirlos con agua y dejarlos en remojo 30 minutos.

2. Escurrir los chiles y descartar el líquido. Colocar en una procesadora o licuadora los chiles remojados, los chiles verdes, el ajo, el pimentón, el orégano, el comino, la cáscara de naranja y el jugo de limón y procesar hasta lograr una pasta.

3. Cortar las pechugas por la mitad y untarlas con la mezcla de especias. Calentar las hojas de plátano, sosteniéndolas sobre el fuego o en microondas, hasta que resulten flexibles. Colocar sobre cada hoja un trozo de pollo y esparcir arriba las cebollas y el cilantro. Doblar las hojas para encerrar el pollo y atar con hilo. Colocar los paquetes en una fuente de vidrio o cerámica y marinar en el refrigerador 3 horas o toda la noche.

4. Ubicar los paquetes de pollo en un trasto para horno y hornear a 160°C/325°F, Gas 3 por 25-35 minutos o hasta que el pollo esté tierno.

ingredientes

> 2 pechugas de pollo, con hueso y sin piel
> 4 hojas de plátano grandes
> 4 cebollas de rabo, picadas
> 3 cucharadas de hojas de cilantro fresco

mezcla de especias

> 3 chiles Nuevo México
> 1 taza/250 ml/8 fl oz de agua
> 2 chiles verdes picantes, frescos, picados
> 3 dientes de ajo, picados
> 2 cucharadas de pimentón dulce
> 1 cucharada de hojas de orégano fresco
> 2 cucharaditas de comino molido
> 2 cucharaditas de cáscara de naranja, rallada fina
> 2 cucharadas de jugo de limón

4 porciones

nota del chef

En el sur y en la costa de México es costumbre utilizar hojas de plátano como envoltorio de alimentos diversos. Las hojas de mazorca y el papel de aluminio son sustitutos aceptables, aunque carecen del sabor de las hojas de plátano.

pollo en salsa de semillas de calabaza

■ ■ ■ | Tiempo de cocción: 40 minutos - Tiempo de preparación: 20 minutos

ingredientes

> **4 pechugas de pollo deshuesadas**
> **1/2 cebolla**
> **2 dientes de ajo**
> **2 tallos de cilantro fresco**
> **4 tazas/1 litro/1 3/4 pt de agua**

salsa de semillas de calabaza

> **2 latas de 440 g/14 oz de tomatillos, escurridos**
> **12 chiles serranos**
> **1/2 atado de cilantro fresco**
> **1/4 cebolla, picada**
> **1 diente de ajo**
> **1 1/2 taza/45 g/1 1/2 oz de semillas de calabaza verde (pepitas)**
> **3 cucharadas de maníes sin sal**

preparación

1. Colocar el pollo, la cebolla, el ajo, el cilantro y el agua en una cacerola a fuego lento. Llevar a hervor suave y cocinar 15 minutos. Retirar el pollo de la cacerola. Colar el líquido, reservarlo para la salsa y descartar los sólidos.

2. Para hacer la salsa, colocar en una procesadora o licuadora los tomatillos, los chiles, el cilantro, la cebolla y el ajo. Procesar hasta homogeneizar.

3. Calentar una sartén a fuego mediano, agregar las semillas de calabaza y cocinarlas, mientras se revuelve, 3-4 minutos o hasta que comiencen a crujir y se vean doradas. Colocar las semillas y los maníes en una procesadora o licuadora y procesar hasta lograr una pasta.

4. Volcar la pasta en la sartén y revolver 3 minutos o hasta que se dore. Gradualmente añadir la preparación de tomatillos y 2 tazas/500 ml/16 fl oz del líquido de cocción del pollo. Llevar a hervor suave y cocinar a fuego lento 10 minutos, revolviendo con frecuencia. Incorporar el pollo a la salsa y cocinar despacio 5 minutos o hasta que esté bien caliente.

4 porciones

nota del chef

Si la salsa resulta muy espesa, agregue líquido de la cocción para lograr la consistencia deseada. Puede usar chiles serranos en lata para reemplazar los frescos.

codorniz en salsa
de pétalos de rosa

■ ■ □ | Tiempo de cocción: 70 minutos - Tiempo de preparación: 25 minutos

preparación

1. Introducir una rodaja de lima y 1 diente de ajo en la cavidad de cada codorniz. Sujetar las patas de las aves y ubicarlas en un trasto para horno. Pincelarlas con aceite, condimentarlas con pimienta negra y hornearlas a 180°C/350°F/Gas 4 por 20-25 minutos.
2. Para preparar la salsa, colocar en una procesadora o licuadora los pétalos de rosa y las ciruelas y procesar hasta lograr una textura lisa. Reservar. Hacer un corte en cruz en la base de cada castaña y cocinarlas en una sartén o comal bien caliente, sacudiendo de tanto en tanto, hasta que la cáscara se abra.
3. Hervir agua en una cacerola, incorporar las castañas y hervirlas 20 minutos. Escurrirlas y quitarles la cáscara y la piel. Añadirlas a la mezcla de pétalos con 1 taza/250 ml/8 fl oz de agua y procesar hasta homogeneizar.
4. Derretir la mantequilla a fuego medio en una sartén, agregar el ajo y cocinar 3 minutos sin dejar de revolver. Incorporar la preparación de rosas y la miel; cocinar a fuego lento 10 minutos.
5. Colocar las codornices en una bandeja, bañarlas con la salsa y decorar con pétalos.

ingredientes

> **1 lima, en rodajas**
> **3 dientes de ajo, en láminas**
> **8 codornices, limpias**
> **aceite**
> **pimienta negra recién molida**
> **pétalos de rosas rojas o rosadas, para decorar (opcional)**

salsa de pétalos de rosa

> **pétalos de 12 rosas rojas o rosadas fragantes**
> **2 ciruelas dulces grandes, sin hueso y picadas**
> **12 castañas**
> **1 taza/250 ml/8 fl oz de agua**
> **15 g/1/2 oz de mantequilla**
> **2 dientes de ajo, machacados**
> **2 cucharadas de miel**

....
4 porciones

nota del chef

Esta receta lleva el mismo nombre que aquella que encendió la pasión en el conocido libro (y filme) mexicano Como agua para chocolate. *¡Pruébela si se atreve!*

hebras
de carne picantes

a

■ ■ □ | Tiempo de cocción: 110 minutos - Tiempo de preparación: 15 minutos

preparación

1. Colocar en una cacerola a fuego medio
   la carne, la cebolla, el ajo, el clavo de olor,
   las semillas de comino y el agua (a).
   Llevar a hervor suave y cocinar a fuego lento
   1 1/2 hora o hasta que la carne esté muy
   tierna, espumando de tanto en tanto. Retirar
   la cacerola del fuego, dejar que la carne se
   enfríe en el líquido y retirar la grasa de la
   superficie. Sacar la carne de la cacerola
   y desmenuzarla con un tenedor (b). Reservar
   el líquido de la cocción para la salsa.
2. Para hacer la salsa, calentar el aceite a fuego
   fuerte en una sartén, agregar la cebolla
   y los chiles y sofreír, revolviendo
   constantemente, 3 minutos o hasta que se
   ablanden. Incorporar los tomates
   y 1 taza/250 ml/8 fl oz del líquido
   de cocción reservado (c). Llevar a hervor
   suave y cocinar a fuego mínimo 10 minutos
   o hasta que la salsa se reduzca y espese.
3. Incorporar la carne desmenuzada (d) y cocinar
   5 minutos o hasta que esté bien caliente.

ingredientes

> **750 g/1 1/2 lb de carne
>   de res fibrosa, apta
>   para hervor prolongado,
>   desgrasada**
> **1 cebolla, cortada
>   por la mitad**
> **2 dientes de ajo**
> **1 clavo de olor**
> **2 cucharaditas
>   de semillas de comino**
> **8 tazas/2 litros/3 1/2 pt
>   de agua**

salsa de chiles verdes
y tomates

> **2 cucharaditas
>   de aceite**
> **1 cebolla picada**
> **2 chiles verdes
>   picantes, picados**
> **440 g/14 oz
>   de tomates en lata,
>   con su jugo y picados**

....
6 porciones

b

c

d

chiles
poblanos rellenos

■ ■ ■ | Tiempo de cocción: 50 minutos - Tiempo de preparación: 25 minutos

ingredientes

> 12 chiles poblanos

**relleno de carne
y frijoles**

> 2 cucharaditas de aceite
> 1 cebolla, picada
> 315 g/10 oz de carne
  molida de res
> 185 g/6 oz de frijoles
  pintos cocidos o en lata,
  enjuagados y escurridos
> 1 pizca de pimienta
  de Cayena
> 1/2 taza/125 ml/4 fl oz
  de puré de tomate

salsa de tomatillo

> 2 latas de 315 g/10 oz
  de tomatillos, escurridos
  y picados finamente
> 1 cebolla, picada
> 3 cucharadas de cilantro
  fresco picado
> 1/2 taza/125 ml/4 fl oz
  de caldo de verduras

preparación

1. Colocar los chiles en una sartén o comal bien caliente y cocinarlos hasta que la piel resulte ampollada y chamuscada (a). Introducirlos en una bolsa plástica 10 minutos o hasta que sea posible tocarlos sin quemarse. Con cuidado quitarles la piel y hacer un corte en el costado de cada uno. Retirar las semillas y membranas y reservar.

2. Para el relleno, calentar el aceite en una sartén a fuego mediano, agregar la cebolla y revolver 2 minutos o hasta que esté blanda. Añadir la carne y revolver 3-4 minutos o hasta que tome color tostado. Luego agregar los frijoles, la pimienta de Cayena y el puré de tomate y cocinar a fuego a lento, siempre revolviendo, 5 minutos o hasta que la mezcla se reduzca y espese. Rellenar los chiles (b) y colocarlos en un trasto para horno.

3. Para hacer la salsa, colocar en una cacerola los tomatillos, la cebolla, el cilantro y el caldo de verduras y cocinar a fuego lento 5 minutos o hasta que la salsa se reduzca y espese. Verter la salsa sobre los chiles (c) y hornear a 180°C/350°F/Gas 4 por 25 minutos o hasta que estén bien cocidos.

....
12 unidades

nota del chef

En esta variante de un clásico mexicano, los chiles rellenos se hornean en lugar de freírse; así constituyen una opción más saludable y práctica para la cocina hogareña. Si no consigue chiles poblanos, elija otra variedad suave, como chiles Nuevo México o chiles banana.

a

b

c

canastas
tostadas con carne

■ ■ □ | Tiempo de cocción: 15 minutos - Tiempo de preparación: 15 minutos

preparación

1. Calentar el aceite en una sartén hasta que un cubo de pan se dore en 50 segundos. Freír las tortillas de a una, sosteniéndolas con dos cucharas grandes, 1 minuto o hasta que estén crocantes. Escurrir sobre papel absorbente.

2. Para el relleno, colocar el chile en polvo, el comino y el jugo de lima en una fuente de vidrio o cerámica y mezclar. Incorporar la carne, remover para que se impregne y marinar 5 minutos. Escurrir la carne y asarla en una parrilla precalentada o en el grill 2-3 minutos o hasta lograr el punto que se desee. Luego dejar reposar 2 minutos, cortar la carne en tiras y colocarlas en un bol. Añadir las cebollas y las hojas de cilantro y mezclar.

3. Distribuir el relleno en las canastas. Servir en el momento.

ingredientes

> **aceite para freír**
> **8 tortillas de maíz**

relleno de carne

> **2 cucharaditas de chile en polvo**
> **1 cucharadita de comino molido**
> **$1/4$ taza/60 ml/2 fl oz de jugo de lima**
> **500 g/1 lb de carne de res (cuarto trasero), desgrasada**
> **2 cebollas rojas, rebanadas**
> **$1/2$ atado de cilantro**

....
8 unidades

nota del chef

Sirva estos sabrosos bocadillos con salsas a elección y gajos de lima.

cerdo con salsa de chiles rojos

■■■ | Tiempo de cocción: 95 minutos - Tiempo de preparación: 20 minutos

ingredientes

> 1 kg/2 lb de carne de cerdo sin hueso, desgrasada
> 90 g/3 oz de aceitunas verdes
> 1 cebolla, rebanada

salsa de chiles rojos

> 8 chiles anchos, sin semillas ni nervaduras
> 1 cucharada de aceite
> 1 cebolla, picada
> 2 dientes de ajo, machacados
> 1 cucharadita de comino molido
> 1 cucharada de orégano fresco picado
> 1 1/2 taza/375 ml/12 fl oz de caldo de pollo o de res
> 1 taza/250 ml/8 fl oz de jugo de naranja
> 1/3 taza/90 ml/3 fl oz de vinagre de sidra

nota del chef

Si no quiere encender el horno, realice en la parrilla la cocción completa de la carne. Después de la primera etapa, baje el fuego y cocine hasta que la carne esté tierna.

preparación

1. Para hacer la salsa, abrir y aplanar los chiles. Calentar el aceite a fuego mediano en una sartén, agregar los chiles y cocinarlos unos segundos de cada lado. Escurrirlos sobre papel absorbente y colocarlos en un bol. Cubrirlos con agua hirviente y dejarlos en remojo 2-3 horas. Escurrirlos y descartar el agua.

2. Calentar la sartén a fuego mediano, incorporar la cebolla y el ajo y revolver 3 minutos o hasta que se ablanden. En una procesadora o licuadora colocar la cebolla con el ajo, los chiles, el comino, el orégano y 2/3 taza/ 170ml/ 5 1/2 fl oz de caldo y procesar. Pasar a la sartén y cocinar, revolviendo, 5 minutos o hasta que se reduzca y espese. Añadir el caldo restante, el jugo de naranja y 1 cucharada de vinagre. Llevar a hervor suave y cocinar a fuego lento 25 minutos o hasta que la salsa se reduzca y espese. Dejar enfriar.

3. Unir la salsa fría con el vinagre restante. Colocar el cerdo en un plato de vidrio o cerámica y bañar con un tercio de la salsa. Tapar y marinar en el refrigerador 2-3 horas.

4. Escurrir el cerdo y cocinarlo en una parrilla o sartén, bien caliente, 2-3 minutos de cada lado o hasta que tome color tostado. Pasarlo a un trasto para horno y hornear a 150ºC/ 300ºF/ Gas 2 por 45-50 minutos o hasta que esté tierno. Calentar el resto de la salsa en una cacerola a fuego lento. Para servir, rebanar el cerdo y acomodarlo en una fuente. Bañarlo con la salsa y esparcir las aceitunas y las tajadas de cebolla.

6 porciones

taquitos
de cerdo y mejorana

■ ■ □ | Tiempo de cocción: 15 minutos - Tiempo de preparación: 10 minutos

preparación

1. Para el relleno, calentar el aceite en una sartén a fuego vivo, agregar la cebolla, los chiles, el ajo, el comino y revolver 3 minutos o hasta que la cebolla y los chiles se ablanden. Agregar el cerdo y continuar revolviendo 3-4 minutos o hasta que tome color tostado. Retirar la sartén del fuego. Agregar la mejorana e integrarla; dejar enfriar ligeramente.
2. Colocar 1 cucharada de relleno en el centro de cada tortilla, enrollarla y cerrar con palillos.
3. Calentar 1 1/2 cm de aceite en una sartén hasta que un cubo de pan se dore en 50 segundos. Cocinar los taquitos, de a pocos por vez, 1-2 minutos o hasta que estén crocantes. Escurrir sobre papel absorbente.

12 taquitos

ingredientes
> **12 tortillas de maíz, calientes**
> **aceite para freír**

relleno de cerdo y mejorana
> **1 cucharadita de aceite**
> **1 cebolla, picada**
> **2 chiles rojos frescos, picados**
> **2 dientes de ajo, machacados**
> **2 cucharaditas de comino molido**
> **500 g/1 lb de cerdo molido fino**
> **3 cucharadas de mejorana fresca**

nota del chef
Precalentar las tortillas antes de plegarlas o enrollarlas las torna flexibles y evita que se rompan. Para hacerlo, colóquelas en una sartén sin materia grasa a fuego lento durante 20-30 segundos de cada lado. Como alternativa, envuélvalas en papel de aluminio y llévelas al horno, a temperatura baja, o caliéntelas en microondas, dentro de un recipiente tapado.

cerdo
con mole amarillo

■■■ | Tiempo de cocción: 105 minutos - Tiempo de preparación: 35 minutos

ingredientes

> **1 kg/2 lb de chuletas de cerdo, desgrasadas**
> **1/2 cebolla**
> **2 dientes de ajo**
> **315 g/10 oz de judías verdes**
> **315 g/10 oz de calabacitas, picadas**

mole amarillo

> **2 chiles anchos**
> **4 chiles guajillos**
> **250 g/8 oz de tomatillos en lata, escurridos y pelados**
> **1 tomate**
> **6 dientes de ajo**
> **2 cucharadas de coriandro molido**
> **2 granos de pimienta negra**
> **1 clavo de olor**
> **1/2 cucharadita de comino molido**
> **1 cucharada de aceite**

nota del chef

Si se desea incluir bollitos de masa, integrar con los dedos 500 g/1 lb de masa fresca y 60 g/2 oz de mantequilla o manteca de cerdo. Dividir en 24 bollitos y con el pulgar hundirles el centro. Incorporarlos al mole y revolver con suavidad 8-10 minutos antes de añadir el cerdo y los vegetales.

preparación

1. Colocar el cerdo, la cebolla y el ajo en una cacerola, cubrir con agua y cocinar por hervor suave 50 minutos o hasta que el cerdo esté tierno; espumar de tanto en tanto.

2. Agregar las judías verdes y las calabacitas y cocinar 5 minutos. Luego, retirar el cerdo y los vegetales y reservar. Colar el líquido de cocción y reservar.

3. Para hacer el mole, colocar los chiles en un bol, cubrir con agua y remojar 20 minutos o hasta que se ablanden. Escurrir y descartar el agua. Cocinar los chiles en una sartén o comal bien caliente hasta que la piel resulte ampollada y chamuscada. Enfriarlos hasta que se puedan manipular y luego con cuidado quitarles las semillas.

4. Colocar en una procesadora o licuadora los chiles, los tomatillos, el tomate, el ajo, el coriandro, la pimienta, el clavo de olor y el comino. Procesar y pasar por tamiz.

5. En una sartén calentar el aceite a fuego mediano, agregar la mezcla procesada y cocinar 8 minutos, sin dejar de revolver. Incorporar 6 tazas/1,5 litro/2 1/2 pt del líquido de cocción reservado, llevar a hervor suave y cocinar a fuego lento 10 minutos. Luego incorporar el cerdo y los vegetales y cocinar despacio 4 minutos o hasta calentar.

6 porciones

leche acaramelada

■■□ | Tiempo de cocción: 20 minutos - Tiempo de preparación: 15 minutos

preparación

1. Colocar el azúcar y las yemas en un bol y batir hasta lograr una consistencia cremosa y espesa. Diluir el almidón de maíz en 1/2 taza/ 125 ml/4 fl oz de leche. Seguir batiendo las yemas mientras se añaden la pasta de almendras, el resto de la leche, el almidón disuelto, la esencia de vainilla y la canela. Pasar a una cacerola y cocinar sobre fuego suave, revolviendo constantemente, hasta que hierva y espese.

2. Verter la preparación en una fuente para horno y mesa, cubrir con film en contacto y refrigerar varias horas para que tome consistencia.

3. Para la cubierta, quitar el film, espolvorear el postre con el azúcar y esparcir la mantequilla. Sobre fuego fuerte calentar un comal o una cuchara metálica grande 10 minutos o hasta que se caliente bien. Deslizar el comal o la cuchara por la superficie del postre hasta que el azúcar se acaramele.

ingredientes

> 1 taza/250 g/8 oz de azúcar
> 8 yemas
> 1/3 taza/45 g/1 1/2 oz de almidón de maíz
> 5 tazas/1,2 litro/2 pt de leche
> 1/2 taza/60 g/2 oz de pasta de almendras
> 1 cucharada de esencia de vainilla
> una pizca de canela molida

cubierta de azúcar

> 1/2 taza/125 g/4 oz de azúcar
> 30 g/1 oz de mantequilla, en trocitos

8 porciones

nota del chef

Logrará resultados superiores si usa la esencia de vainilla natural, que se extrae de las vainas de la vainilla, en lugar de la artificial.

coyotas
de calabaza

■■■ | Tiempo de cocción: 80 minutos - Tiempo de preparación: 25 minutos

ingredientes

masa para coyotas
>**625 g/1¹/₄ lb de harina**
>**220 g/7 oz**
  de mantequilla,
  en trocitos
>**una pizca de sal**
>**agua fría**

relleno de calabaza
>**750 g/1¹/₂ lb de calabaza**
  mantecosa, pelada
  y picada
>**¹/₂ taza/90 g/3 oz**
  de azúcar morena
>**45 g/1¹/₂ oz de**
  mantequilla, cortada
  en dados
>**2 cucharadas de agua**

preparación

1. Para preparar el relleno, disponer en un trasto para horno la calabaza, esparcir el azúcar y la mantequilla y rociar con agua (a). Tapar y hornear a 200°C/400°F/Gas 6 por 30-40 minutos o hasta que la calabaza se ablande y se dore. Enfriar.
2. Para hacer la masa, colocar en una procesadora la harina, la mantequilla y la sal y procesar hasta lograr una textura arenosa. Sin detener la máquina, agregar agua fría suficiente para formar una masa blanda. Amasarla sobre una superficie ligeramente enharinada 10 minutos o hasta que esté tierna y elástica. Refrigerar.
3. Dividir la masa en 16 partes iguales. Estirar cada una para formar un disco (b) de 3 mm/¹/₈ in de espesor.
4. Precalentar el horno. Colocar 1-2 cucharadas de relleno en el centro de 8 discos. Cubrir con los restantes y presionar los bordes para sellar (c). Ubicar las coyotas en bandejas engrasadas, bajar la temperatura del horno a 180°C/350°F/Gas 4 y hornear 25-30 minutos o hasta que se doren. Servir calientes.

....
8 unidades

nota del chef
Sirva con chocolate caliente o con café,
como postre o entremés dulce para la tarde.

a

b

c

chimichangas
rellenas con frutas

■■□ | Tiempo de cocción: 10 minutos - Tiempo de preparación: 15 minutos

preparación

1. Para hacer el relleno, colocar la piña, las fresas, el coco y la menta en un bol y mezclar.

2. Calentar las tortillas, de a una por vez, en una sartén sin materia grasa sobre fuego mediano, 20-30 segundos de cada lado o hasta que se ablanden. Colocar 1-2 cucharadas de relleno en el centro de cada tortilla, doblar por la mitad y presionar los bordes para sellar.

3. Calentar abundante aceite en una cacerola a fuego fuerte hasta que un dado de pan se dore en 50 segundos. Con una pinza sostener las tortillas rellenas y freír con cuidado 2-3 minutos o hasta que se doren y estén crocantes. Escurrir sobre papel absorbente, espolvorear generosamente con azúcar y servir.

ingredientes

> **4 tortillas de trigo**
> **aceite para freír**
> **azúcar para espolvorear**

relleno de frutas y coco

> **125 g/4 oz de piña picada**
> **60 g/2 oz de fresas picadas**
> **4 cucharadas de coco en escamas**
> **2 cucharadas de menta fresca picada**

....

4 porciones

nota del chef

No es raro que el aceite salpique al freír las chimichangas; para evitar quemaduras conviene usar manoplas que cubran incluso los antebrazos.

Las chimichangas son deliciosas con crema batida y café, como postre o bocado dulce.

budines de mango

a

■ ■ □ | Tiempo de cocción: 10 minutos - Tiempo de preparación: 15 minutos

preparación

1. Colocar las yemas en un bol y batir apenas para unirlas. Reservar.
2. Colocar la rama de canela y la leche en una cacerola (a) sobre fuego mediano y llevar a hervor. Retirar la cacerola del fuego y dejar reposar 10 minutos. Retirar la canela.
3. Agregar el azúcar, ubicar de nuevo la cacerola sobre la llama y revolver hasta que el azúcar se disuelva. Retirar la cacerola del fuego y añadir a las yemas un poco de la leche caliente (b), mientras se agita con batidor. Luego, también con batidor, incorporar la mezcla de yemas al resto de la leche caliente. Colocar de nuevo la cacerola sobre el fuego y revolver constantemente hasta que la preparación espese. Retirar del calor y agregar el puré de mango y la pasta de almendras (c). Repartir en 6 cazuelitas refractarias y refrigerar varias horas o hasta que tome consistencia.
4. Para hacer la cubierta, combinar las almendras picadas con el azúcar y la canela. Justo antes de servir, esparcir la mezcla sobre los budines (d).

ingredientes

> 4 yemas
> 1 rama de canela
> 6 tazas/1 1/2 litro/2 1/2 pt de leche
> 2 tazas/500 g/1 lb de azúcar
> pulpa de 3 mangos, hecha puré y tamizada
> 3/4 taza/75 g/2 1/2 oz de pasta de almendras

cubierta de almendras y canela

> 60 g/2 oz de almendras blanqueadas y picadas
> 2 cucharadas de azúcar
> 1 cucharada de canela molida

nota del chef

Esta delicia de mango es un final perfecto para una comida picante.

6 porciones

b

c

d

índice

Introducción 3

Entradas y sopas
Guacamole con tortillas 6
Nachos con queso y tocino 8
Sopa de frijoles pintos 12
Sopa flor azteca 10

Ensaladas
Al estilo de Guanajuato 18
Chiles poblanos y nueces 14
Papas con vinagreta de chiles 16

Platillos sin carne
Crêpes de maíz con vegetales 22
Enchiladas Nuevo México 24
Nachos con frijoles negros 20

Pescados y mariscos
Mejillones especiados en vinagre 28
Ostiones con salsa de piña 32
Pescado en hojas de mazorca 26
Pescado marinado con lima 30

Aves
Codorniz en salsa de pétalos de rosa 42
Pollo en hojas de plátano 38
Pollo en salsa de semillas de calabaza 40
Tamales con pollo 36
Tortillas de pollo 34

Carnes
Canastas tostadas con carne 48
Cerdo con mole amarillo 54
Cerdo con salsa de chiles rojos 50
Chiles poblanos rellenos 46
Hebras de carne picantes 44
Taquitos de cerdo y mejorana 52

Postres
Budines de mango 62
Chimichangas rellenas con frutas 60
Coyotas de calabaza 58
Leche acaramelada 56